Henriette Wich

Schatzjägergeschichten

Illustriert von Silvia Christoph

www.leseloewen.de

ISBN 978-3-7855-8187-2
1. Auflage 2016
© Loewe Verlag GmbH, Bindlach 2016
Umschlagillustration: Silvia Christoph
Reihenlogo: nach einem Entwurf
von Angelika Stubner
Printed in Italy

www.loewe-verlag.de

Inhalt

Piratengold

„Alle mal herhören!",
sagt Käpten Klappe
zu seinen Roten Piraten.
„Im Hafen erzählt man sich:
Die Schwarzen Piraten haben
auf unserer Kokosinsel
einen Goldschatz gefunden!"

Alle schimpfen lautstark:

„Diese Ratten! Mistkerle!"

Sprotte, der kleinste Pirat,

springt auf ein Holzfass.

„Den Schatz holen wir uns zurück!"

Die Roten Piraten segeln los.

Früh am nächsten Morgen

ruft Flint vom Mastkorb:

„Schwarze Piraten backbord voraus!"

Käpten Klappe befiehlt:

„Vorbereiten zum Entern!"

Sie segeln ganz nah ran.

Die Roten Piraten springen

aufs Deck der Feinde

und ziehen ihre Säbel.

Die Schwarzen Piraten schlafen noch.

Bevor sie bis drei zählen können,
haben sie keine Säbel mehr
und sind an die Masten gefesselt.
Die Roten Piraten durchsuchen
das Schiff nach dem Schatz.
Was sie nicht merken:
Käpten Finster scheuert die Fesseln
an einem Nagel am Mast auf!
Heimlich befreit er
vier seiner Piratenbrüder.

„Attacke!",

brüllen die fünf Schwarzen Piraten.

Sie fallen über die Roten Piraten

her und besiegen sie.

Käpten Finster grölt:

„Wir fesseln euch nicht.

Ihr dürft jetzt nämlich

zur Strafe unser Deck schrubben!"

Die Roten Piraten schuften.

Die Schwarzen Piraten sehen zu
und lachen sich einen Ast ab.

Aber sie haben sich zu früh gefreut.

Sprotte entdeckt
eine lockere Holzbohle.

Darunter ist ein zweiter Boden:
eine riesige Platte aus purem Gold!

Sprotte zeigt Käpten Klappe
und Flint den Schatz.

Die Roten Piraten werfen
die Scheuerbürsten ins Meer.
Sie kämpfen und besiegen
ihre Feinde ein zweites Mal.
Der Goldschatz gehört ihnen!
Flint hebt Sprotte
auf seine Schultern und lacht.
„Du bist der Größte!"

SOS am Geburtstag

Heute ist Kilians Geburtstagsfeier.

„Wann geht die Schatzsuche los?",
fragt Max.

„Wenn mein Papa zurück ist",
sagt Kilian.

Aber wo bleibt Papa bloß?

„Wir fangen schon mal an",
schlägt Mama vor.

„Papa hat mir diesen Brief gegeben."

Kilian liest ihn laut vor:

„Räuber Klaumeier hat im Wald

einen Schatz versteckt.

Folgt den Pfeilen, löst die Aufgaben

und findet den Schatz!"

Gemeinsam laufen sie los.

Am Parkplatz vor dem Wald

finden sie das erste Rätsel.

Wer macht einen Winterschlaf?

Der Maulwurf oder die Haselmaus?

„Die Haselmaus!", weiß Lotta.

Sie gehen in den Wald hinein.

Bei der zweiten Aufgabe müssen sie

Tierspuren lesen.

Darin sind Kilian und Max sehr gut.

Dann wird es sportlich:

Wer wirft

seine Kastanie am weitesten?

18

Zum Schluss müssen sie im Laub
einen Luftballon finden.
Am Luftballon hängt ein Zettel.
Drei Schritte zurück
und zwanzig Schritte nach rechts
findet ihr den Schatz!
Plötzlich ruft jemand um Hilfe.
Kilian erschrickt. „Das war Papa!"
Alle rennen los.

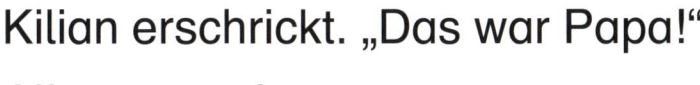

Papa liegt auf dem Waldboden.

„Ich bin über einen Ast gestolpert.

Ich glaube,

mein Bein ist gebrochen."

Mama kniet sich neben ihn hin.

„Du Armer! Tut es sehr weh?"

Papa lächelt tapfer. „Nein.

Aber ich kann nicht mehr laufen."

Kilian sieht sich um.

Neben Papa ist eine Kuhle.

Darin liegt die Schatztruhe.

Sie ist mit einem Seil umwickelt.

Auf einmal hat Kilian eine Idee:

„Wir basteln aus der Schatztruhe

eine Trage für Papa!"

Sie kippen die Kekse

aus der Holztruhe.

Dann zerlegen sie die Truhe.

Mama bindet die Bretter

mit dem Seil zusammen.

Die Trage ist fertig.

Jetzt kann sich Papa drauflegen.

„Kekse für die Retter!", sagt Kilian.

Alle stärken sich.

Danach bringen sie Papa

mit der Trage aus dem Wald.

Im Krankenhaus bekommt er
einen Gips und darf nach Hause.
„Die Rettung müssen wir feiern",
sagt Mama.
„Au ja!", ruft Kilian.
„Wer macht mit beim Wurstschnappen?"

Das geheime Schloss

Die Spielwiese zwischen den Häusern
ist für alle Kinder da.
So steht es auf dem Schild.
Früher hat Sofie das geglaubt.
Doch dann kamen Jan und Rico.
Und die Jungs sehen das anders.

„Hau ab!", rufen sie,
wenn Sofie aufs Klettergerüst will.
„Weg da!", sagen sie und
schubsen Sofie von der Schaukel.
Irgendwann hat sich Sofie
auf die Mauer zurückgezogen.
Heute sitzt sie dort traurig
mit ihrem Rätselheft.

Auf einem Suchbild

sieht man in ein Schloss hinein.

Da ist ein Schatz versteckt.

Sofie beugt sich über das Heft.

In einem grünen Saal

steht ein großer Kleiderschrank.

Die Tür ist halb offen.

Sofie sieht etwas leuchten.

Ist das etwa der Schatz?

Sofie berührt die Stelle.

Ihr Finger wird ganz warm.

Es rauscht in ihren Ohren.

Alles dreht sich.

Sofie blinzelt.

Als sie die Augen wieder öffnet,

ist sie plötzlich mitten im Schloss!

Sofie wandert herum.

Da ist ja der grüne Saal!

Sofie geht hinein und
auf den Kleiderschrank zu.
Ein T-Shirt mit einem Fuchs
fällt ihr sofort auf.
Die Augen des Fuchses leuchten.
Sofie kann nicht anders.
Sie muss das T-Shirt anziehen!
Es ist weich und warm.
Da geht die Tür auf.

Jan und Rico kommen herein.

Oh nein! Was suchen die denn hier?

Sofie will bloß noch weg.

Aber Jan und Rico verbeugen sich.

In Sofies Ohren rauscht es.

Alles dreht sich.

Sofie blinzelt.

Sie sitzt wieder auf der Mauer!

Hat sie das alles geträumt?

Aber das T-Shirt mit dem Fuchs
hat sie immer noch an!
Jan und Rico spielen
beim Klettergerüst.
Sofie geht zu den Jungs hinüber.
„Die Spielwiese ist für alle da!",
sagt sie laut und deutlich.
Jan und Rico starren Sofie an.
Dann murmelt Rico:
„Äh, stimmt, Prinzessin."

30

Schätze gibt es überall

Nachmittags gehen Franz und Frieda

auf Schatzsuche.

Schätze gibt es nämlich überall.

Andere nennen sie Müll

und werfen die tollsten Dinge weg.

Pech für sie,

Glück für Franz und Frieda!

Die Geschwister sammeln ihre Schätze

im Gartenhaus.

Leere Konservendosen, alte Schuhe,

Pfandflaschen, Münzen und Walnüsse.

Neulich haben sie sogar

eine neue Taschenlampe gefunden.

Aus den Sachen basteln sie

Spielzeug und kleine Kunstwerke.

Auch heute sind Franz und Frieda

wieder unterwegs.

Frieda hebt eine leere Milchtüte auf.

Plötzlich raschelt es hinter ihr.

Ein Schatten flitzt um die Hausecke.

„Da folgt uns jemand!",

flüstert Frieda ihrem Bruder zu.

„Sieht ganz so aus",

flüstert Franz zurück.

Die Geschwister gehen weiter.

Am Spielplatz finden sie

ein kaputtes Sandförmchen.

Beim Spielhaus sehen sie wieder

einen Schatten vorbeihuschen.

Echt merkwürdig!

Franz und Frieda bringen

ihre Schätze nach Hause.

Es ist schon spät.

Nach dem Abendessen

gehen sie gleich ins Bett.

Nachts wacht Frieda plötzlich auf.

Klappert dort etwas?

34

Da entdeckt sie Franz am Fenster.
„Im Gartenhaus brennt Licht",
raunt er seiner Schwester zu.
Friedas Herz klopft laut.
„Ein Einbrecher!"
Schatzsucher sind mutig.
Franz und Frieda sind es auch.
Sie ziehen sich an und
schleichen zum Gartenhaus.

Frieda reißt die Tür auf.

Beide brüllen: „Hände hoch!"

Zwei dunkle Knopfaugen starren
ihnen entgegen.

Feine Schnurrhaare zittern.

Auf dem Schatzberg
sitzt ein Eichhörnchen.

Es hält eine Walnuss
zwischen den Pfoten.
Erschrocken hüpft es
über die Taschenlampe davon.
Das Licht geht aus.
„Bleib doch da!", ruft Franz.
Frieda grinst.
„Einen Schatzjäger wie dich
könnten wir gut gebrauchen!"

Vorsicht, Stacheln!

Im Freizeitpark ist es super.
Linus, Heidi und Markus sausen
mit ihren Eltern
die Wildwasserrutsche hinunter.
Danach treffen sie
einen Mann mit Cowboyhut.
„Hi, ich bin Sam! Wart ihr schon
im Wild-West-Irrgarten?"

Heidis Augen leuchten.

„Au ja, da will ich hin!"

Sam klopft Markus auf die Schulter

und knufft Linus in die Seite.

Dann geht er schnell weg.

Linus will sich ein Eis kaufen.

Er greift in seine Hosentasche

und zuckt zusammen.

„Mein Geldbeutel ist weg!"

„Sam hat den Geldbeutel geklaut!",
rufen Heidi und Markus gleichzeitig.
Linus wird rot vor Wut.
„Den falschen Cowboy
schnappen wir uns!"
Sie nehmen ein Handy mit
und versprechen den Eltern,
dass sie gleich wieder da sind.
Dann suchen sie Sam.

40

Sie entdecken ihn neben der Schlange
für die Achterbahn.
Er klaut noch zwei Armbanduhren
und eine Perlenkette.
Keiner merkt etwas.
Aber Linus, Heidi und Markus
beobachten ihn die ganze Zeit.
Sam geht jetzt
in den Wild-West-Irrgarten.

Linus, Heidi und Markus kaufen
sich drei Tickets.
Im Irrgarten ist es schwer,
Sam zu beschatten.
Es gibt so viele Gänge
und hohe Hecken.
Sam läuft immer schneller.
An einer Ecke bleibt er
an einer Cowboy-Puppe hängen.

Ein schwarzes Teil rutscht

aus seiner Jacke.

Markus hebt es auf.

Es ist eine Fernbedienung.

Oben ist ein Aufkleber dran:

ein stacheliger grüner Kaktus.

„Mist, Sam ist weg!", stöhnt Linus.

„Wir haben ihn verloren."

Sie suchen den Ausgang.

Zehn Minuten irren sie herum.

Plötzlich bleibt Heidi stehen.

„Hey, der riesige Kaktus da

sieht genauso aus

wie der Aufkleber!"

Markus drückt ein paar Knöpfe

der Fernbedienung.

Auf einmal quietscht es.

Der Kaktus öffnet sich in der Mitte.

44

Ein Geheimfach wird sichtbar.
Darin liegen lauter Schätze:
Uhren, Ketten, Ringe
und Linus' Geldbeutel!
„Kommt!", sagt Markus.
„Wir gehen zur Polizei!"
Linus nickt grimmig.
„Ich will unbedingt dabei sein,
wenn sie Sam überführen!"

Die geteilte Schatzkarte

Artur konnte seine Cousine Ronja
noch nie leiden.
Und Ronja findet Artur doof.
Sobald sie sich treffen,
fangen sie an zu streiten.
Dabei gibt es eigentlich
keinen Grund dafür.
Beide mögen rote Gummibärchen
und beide lieben Ritter.

Das haben sie von ihrem Opa.

Der macht jedes Jahr

bei den Ritter-Festspielen mit.

Er reitet auf einem Pferd

und kämpft mit einer Lanze.

Opa schenkt Artur zu Ostern

eine halbe Schatzkarte.

Ronja bekommt

die zweite Hälfte der Karte.

„Bei der Burgruine hab ich
einen Schatz versteckt",
verrät Opa seinen Enkeln.
Artur holt sich sofort einen Spaten
und läuft zur Burgruine.
Ronja ist auch schon dort.
Sie hat eine große Schaufel dabei.
Artur und Ronja tun so,
als ob der andere gar nicht da ist.

Artur sucht allein mit der Karte.

Ronja sucht auch allein.

Aber es ist wie verhext!

Artur weiß nicht,

wo er graben soll.

Auf seiner Karte fehlt etwas.

„Wir müssen zusammen suchen",

stellt Ronja fest.

„Das wollte ich auch

gerade vorschlagen!", ruft Artur.

Sie legen die zwei Teile der Karte
auf der Wiese aneinander.
Jetzt sehen sie,
wo der Schatz versteckt ist:
neben dem Turm der Burgruine.
Sie spucken in die Hände und rufen:
„Auf die Plätze, fertig, los!"
Erde fliegt durch die Luft.
Artur und Ronja graben.

Mann, ist das anstrengend!

Gut, dass sie zu zweit sind.

Plötzlich stößt Artur mit dem Spaten

auf etwas Hartes. Es klirrt.

Ronja jubelt: „Der Schatz!"

Artur und Ronja graben

zwei Helme und

zwei Plastikschwerter aus.

„Bist du bereit für das Turnier?"

Ronja nickt. „Kann losgehen!"

Sie kämpfen miteinander.

Das macht Spaß.

„Ihr streitet ja gar nicht!",

sagt auf einmal jemand hinter ihnen.

Es ist Opa.

Er hat auch ein Plastikschwert dabei

und schmunzelt wie der Osterhase.

Artur und Ronja rufen:

„Ritter Opa, du bist der Beste!"

Die Pinguin-Bande

Oskar, Knacks und Lasse

sind Pinguine.

Ihre Bande ist cool.

Sie tragen Sonnenbrillen.

Sie surfen auf Eisschollen.

Sie machen Saltos unter Wasser.

Gerade haben sie aber ein Problem.

Es ist Sommer und viel zu heiß.

„Mister Südpol hat doch
ein Schwimmbecken mit Eiswürfeln",
fällt Oskar ein.
Knacks verdreht die Augen.
„Das kannst du dir abschminken.
Der lässt uns nicht
bei sich schwimmen."

Lasse nickt düster.

„Das stimmt.

Mister Südpol ist total reich.

Aber er gibt keinem was ab

von seinen Eis-Schätzen."

Plötzlich schlägt Oskar

aufgeregt mit den Flossen.

„Es sei denn, wir tricksen ihn aus."

Oskar flüstert Knacks und Lasse
etwas ins Ohr.
„Das machen wir!", kichert Knacks.
Die drei Pinguine malen
Geldscheine und Münzen
auf ein Postpaket.
Lasse und Knacks klettern hinein.
Oskar spielt den Postboten und
liefert das Paket an Mister Südpol.

Der freut sich riesig.

„Geld, Geld!", murmelt er gierig

und macht das Paket auf.

Blitzschnell springen

Lasse und Knacks heraus.

Zusammen mit Oskar rennen sie

in den Garten der Villa.

„Hipp, hipp, hurra!", rufen sie

und springen ins Schwimmbecken.

Ist das herrlich frisch!

Mister Südpol kommt

wütend angewatschelt.

„Geht sofort da raus!"

Oskar grölt: „Komm uns doch holen!

Aber sei vorsichtig:

Wir könnten dich aus Versehen

mit Eiswürfeln bewerfen."

Mister Südpol weicht zurück.

„Also gut, ihr dürft bleiben.
Aber ich passe hier auf!"
„Viel Spaß beim Schwitzen!",
ruft Lasse.
Die Pinguin-Bande
lacht sich schlapp.
Dann spielen sie Wasserball
mit einem Eiswürfel.
Was für ein cooler Tag!

Henriette Wich, 1970 in Landshut geboren, hat zahlreiche Kinder- und Jugendbücher geschrieben, darunter viele Krimis der erfolgreichen Reihe „Die drei !!!". Henriette Wich lebt mit ihrer Familie in München.

Silvia Christoph, 1950 in Westberlin geboren, begann nach dem Grafikstudium als freie Illustratorin zu arbeiten. Seit vielen Jahren illustriert sie vorwiegend Kinder- und Jugendbücher. Sie ist außerdem Musikerin und wirkte als Studiosängerin in Disney-Produktionen mit.

ISBN 978-3-7855-7775-2

ISBN 978-3-7855-7977-0

ISBN 978-3-7855-7727-1

ISBN 978-3-7855-7793-6

ISBN 978-3-7855-7976-3

ISBN 978-3-7855-8130-8

Die Reihe *Lesepiraten* bietet viele tolle Geschichten für
Erstleser ab 7 Jahren. Die klare Textgliederung in Sinnzeilen
garantiert ein müheloses Erfassen des Inhalts und ermöglicht
so auch weniger geübten Lesern ein schnelles Erfolgserlebnis.
Zahlreiche farbige Illustrationen sorgen darüber hinaus
für ausreichend Lesepausen. Also, Schiff ahoi mit den
Lesepiraten – das Meer der Geschichten wartet!